STICKER COLORING BOOK

Lucky Interior

운테리어

page2

세계의 행운이 우리 집 안으로!

『스티커 컬러링북: 운테리어』 활용법

집은 우리가 가장 많은 시간을 보내는 곳이자,
나와 내가 사랑하는 사람들의 삶과 가치관이 녹아드는 공간입니다.
그 소중한 공간을 행복하고 좋은 기운으로 가득 채워 보는 건 어떨까요?

『스티커 컬러링북: 운테리어』에는 아시아에서 행운의 꽃으로 불리는
해바라기를 비롯해 일본의 마네키네코, 미국의 드림캐처 등
세계 각국의 행운의 상징물 7작품이 담겨 있습니다.

빛의 방향과 색감에 따라 면으로 나뉘는 폴리곤 아트(Polygon Art) 기법
이 감성적인 일러스트와 만나 따듯하고 신비로운 느낌을 자아냅니다.
조각 스티커를 하나하나 붙여 완성한 작품으로
행운 가득한 우리 집을 만들어 보세요!

1. 작품 둘러보기

행운의 7작품을 살펴보아요.

2. 작품 선정

마음에 드는 작품을 고른 뒤,
절취선을 따라 바탕지와 스티커지를 떼어 내요.

3. 스티커 붙이기

Tip.
핀셋이나 이쑤시개를 활용하면 더 깔끔하게 붙일 수 있어요!

번호와 모양에 알맞은 조각 스티커를 붙여요.

4. 행운 인테리어로 집 꾸미기

Tip.
스티커지에 있는 마스킹 테이프로 그림을 벽에 붙이거나, 액자에 넣어 방을 꾸며 보세요.

완성된 작품을 인테리어 소품으로 활용하면
행운이 넘쳐흐르는 집 완성!

Contents

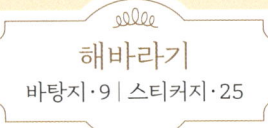

해바라기
바탕지·9 | 스티커지·25

마네키네코
바탕지·11 | 스티커지·29

드림캐처
바탕지·13 | 스티커지·33

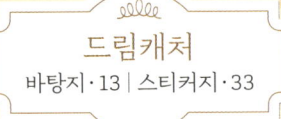

네 잎 클로버
바탕지 · 15 | 스티커지 · 35

마트료시카
바탕지 · 17 | 스티커지 · 39

달라호스
바탕지 · 19 | 스티커지 · 43

코끼리
바탕지 · 21 | 스티커지 · 45

해바라기

우리나라를 비롯해 중국, 베트남 등 아시아에서
행운을 불러오는 꽃으로 많이 알려진 해바라기.
집에 들어섰을 때, 정면에 금색과 비슷한
노란 해바라기 그림을 걸어 두면 재물운이 들어온다고 한다.

마네키네코
まねきねこ

마네키네코는 '초대'라는 뜻의
'まねき'와 '고양이'를 뜻하는 'ねこ'의 합성어로
일본에서는 행운을 가져다주는 복고양이로 통한다.
마네키네코가 오른발을 들고 있으면 금전을,
왼발을 들고 있으면 손님을 부른다고 전해진다.

드림캐쳐
Dreamcatcher

악몽은 거르고 좋은 꿈만 꾸게 한다는 의미로 만든
아메리카 인디언들의 토속 장신구.
나쁜 꿈은 구멍을 통해 빠져나가고,
좋은 꿈만 깃털을 타고 내려와
잠자는 사람에게 떨어진다고 믿었다.

네 잎 클로버
Four-Leaf Clover

네 잎 클로버는 유럽에서 대표적인 행운의 상징물이다.
네 잎 클로버에 관해서는 재미있는 일화들이 많이 전해지는데,
그중 나폴레옹 일화가 가장 유명하다. 전쟁터에 나간 나폴레옹이
우연히 네 잎 클로버를 발견하고 호기심에 다가가 몸을 숙이는 순간,
적군이 쏜 총알이 나폴레옹의 몸을 스치듯 지나가 목숨을 구했다고 한다.
이후부터 사람들은 네 잎 클로버를 행운과 건강의 상징으로 여겼다.

마트료시카
матрёшка

나무로 만든 러시아 인형으로 행운을 상징한다.
인형 안에서 작은 인형이 나오고,
그 속에서 더 작은 인형이 잇따라 나와
사람들에게 독특한 재미를 선사함과 동시에
끊임없는 행운과 다산을 상징한다.

달라호스

Dalahäst

달라호스는 스웨덴의 전통 목각 인형으로
가정에 행복과 평화가 깃들기를 바라는 마음이 담겨 있다.
옛날 스웨덴 중부의 달라르나 지방에서 처음 만들어졌는데,
이곳에 사는 아버지들이 춥고 긴 겨울밤에 손수 나무를 깎아 만든
말 인형을 아이에게 선물하는 것에서 비롯되었다고 한다.

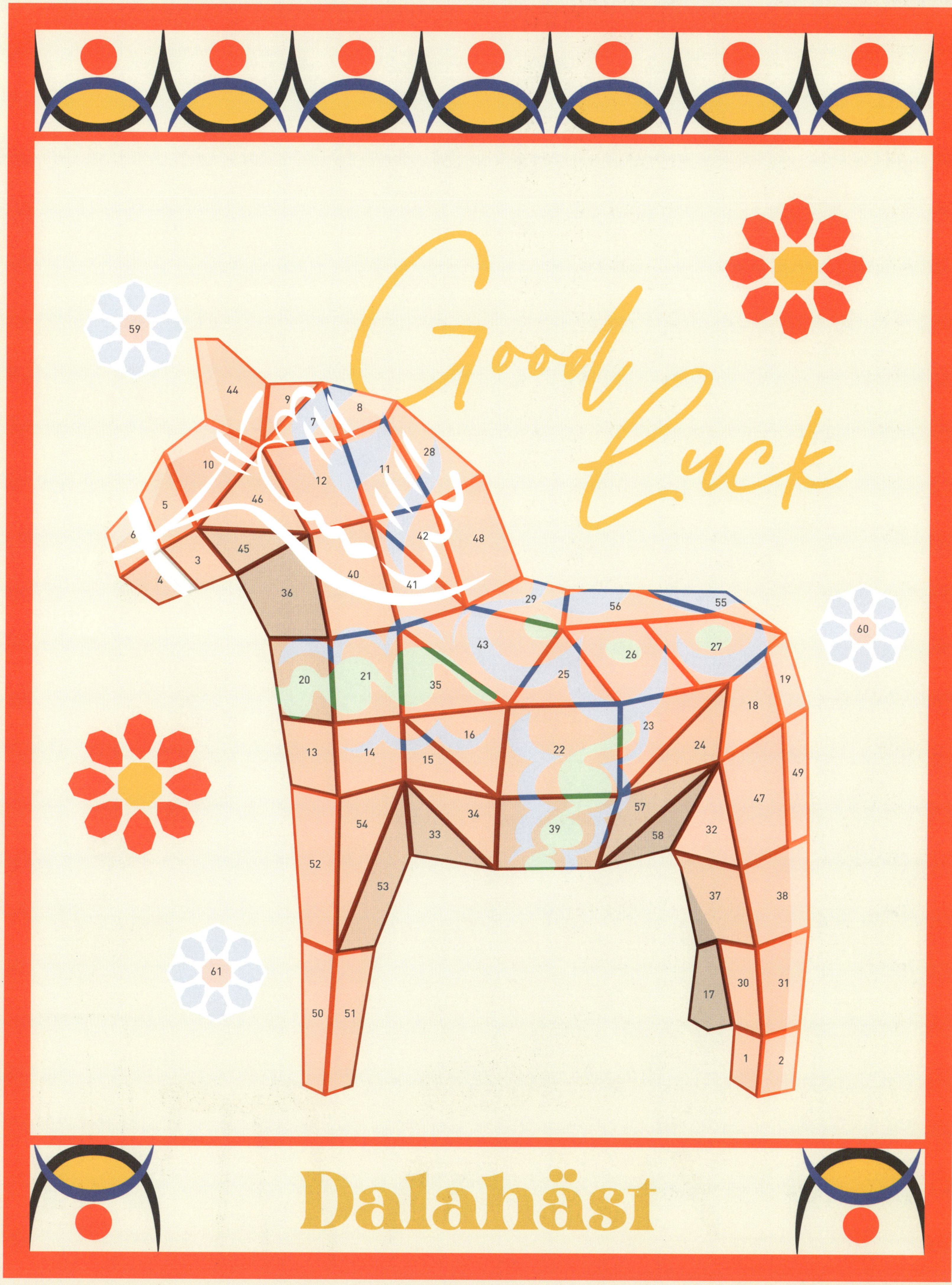
Good Luck
Dalahäst
59
44
9
8
7
28
10
12
11
5
46
42
48
6
45
3
40
4
36
41
29
56
55
60
43
26
27
25
19
20
21
35
18
23
16
22
24
13
14
15
49
47
57
34
54
39
33
58
32
52
53
37
38
61
17
30
31
50
51
1
2

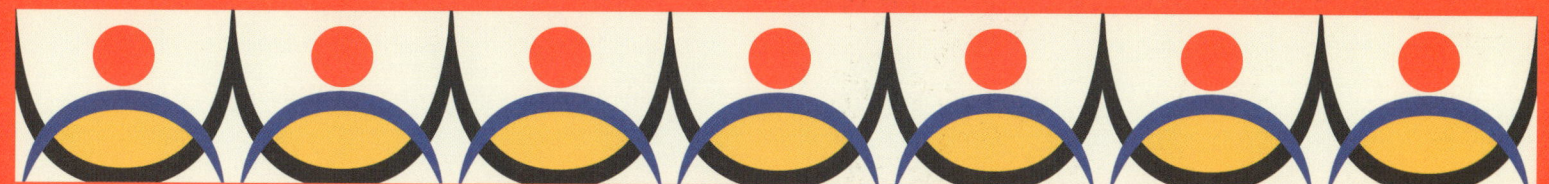

코끼리

ช้าง

태국과 미얀마 등의 동남아시아에서
코끼리는 부와 행운의 상징이다.
특히 코와 상아가 위쪽으로 향한 코끼리일수록
큰 행운을 가져다준다고 믿는다.

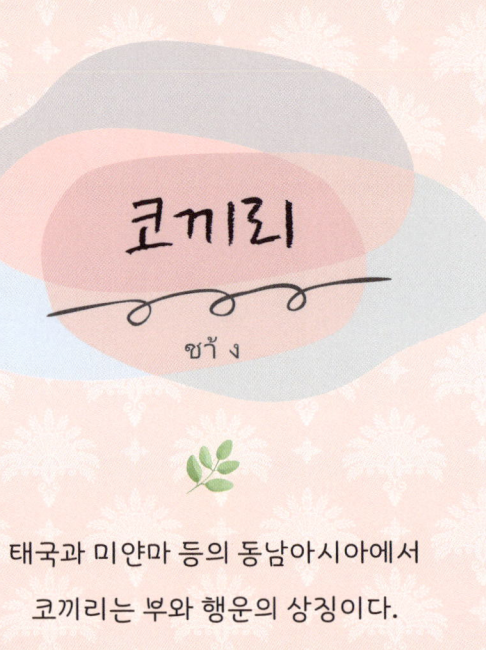

초판 1쇄 인쇄 2022년 10월 26일
초판 1쇄 발행 2022년 11월 16일

펴낸이 김동환, 김선준
기획·책임편집 박유경 | **디자인** 김혜림
책임마케팅 이진규 | **마케팅** 권두리, 신동빈
책임홍보 조아란 | **홍보** 이은정, 김재이, 유채원, 권희, 유준상
일러스트 이진솔

펴낸곳 ㈜페이지2북스
출판등록 2019년 4월 25일 제2019-000129호
주소 서울 영등포구 여의대로 108 파크원타워 1, 28층
전화 070)4421-2078 | **팩스** 070)4170-4865
이메일 page2books@naver.com | **인스타그램** @page2books_

ISBN 979-11-90977-87-6 (13630)

- 책값은 뒤표지에 있습니다.
- 파본은 구입하신 서점에서 교환해 드립니다.
- 이 책은 저작권법에 따라 보호를 받는 저작물이므로 무단 전재 및 무단 복제를 금합니다.

행운을 부르는 인테리어 Tip!

✲ 좋은 인테리어의 시작은 비우기와 정리정돈!

인테리어의 가장 기본은 불필요한 물건을 비우고, 정리정돈을 생활화하는 거예요. 여유 공간이 있어야 집 안 가득 행운이 번진답니다.

✲ 행운이 넝쿨째 굴러 들어오는 현관

집의 첫인상이라 할 수 있는 현관은 깨끗이 유지하는 것이 중요해요. 따라서 신발·우산·자전거 등의 생활용품은 가급적 수납함에 보관하는 것이 좋아요.

✲ 집 안의 중심인 거실은 밝고 환하게!

거실은 외부의 좋은 기운이 집 안의 기운과 만나는 곳으로, 아이보리색 벽지나 노란색 커튼처럼 밝고 따듯한 컬러로 꾸며 주면 좋아요.

✲ 건강운과 금전운이 깃든 주방

물의 상징인 냉장고와 싱크대, 불의 상징인 전자레인지와 가스레인지는 서로 가까이 두지 않는 것이 좋으며 다른 공간과 마찬가지로 깔끔하게 정리해 두면 건강운과 금전운을 불러온다고 해요.

✲ 행운을 더하는 인테리어 소품

결실을 상징하는 과일이나 노란 해바라기 그림은 금전운을, 말 그림은 사업운을 더하는 데 도움이 된다고 알려져 있어요. 또 집에 초록색 식물이나 조명을 두면 건강이 좋아지고, 가족이나 주변 사람들과의 관계가 화목해진다고 해요.

해바라기

해바라기

まねきねこ

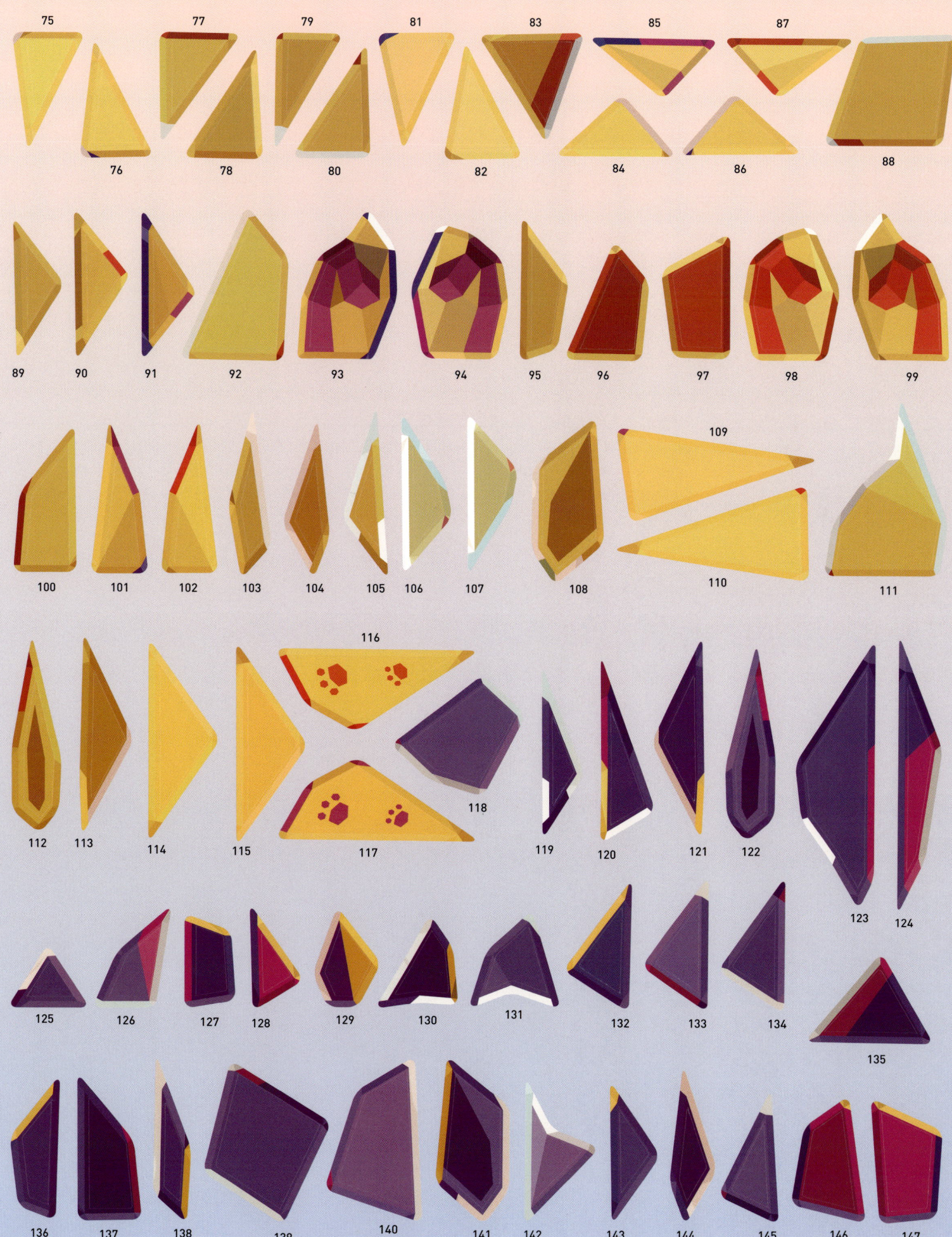

Four-Leaf Clover

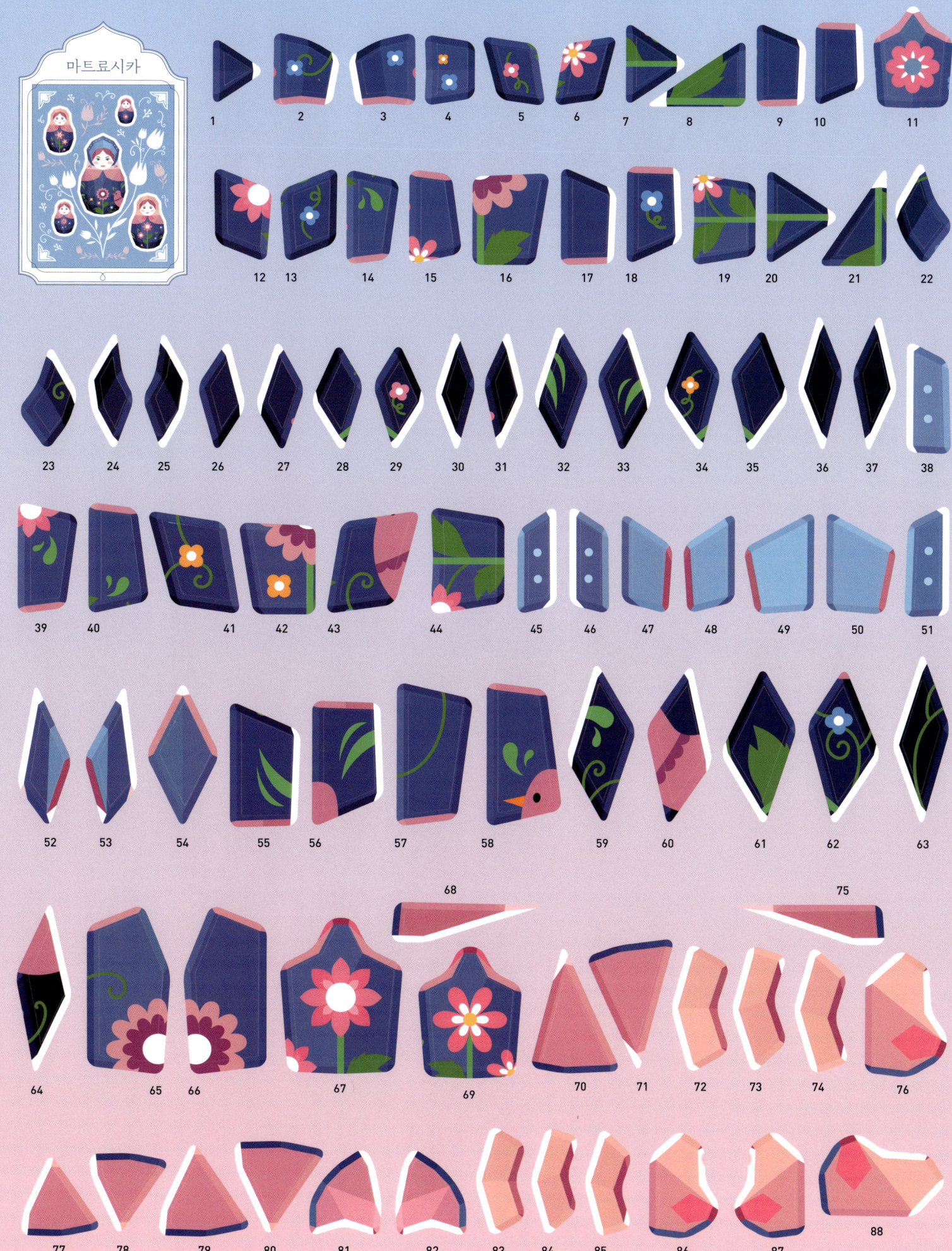

матрёшка

Dalahäst

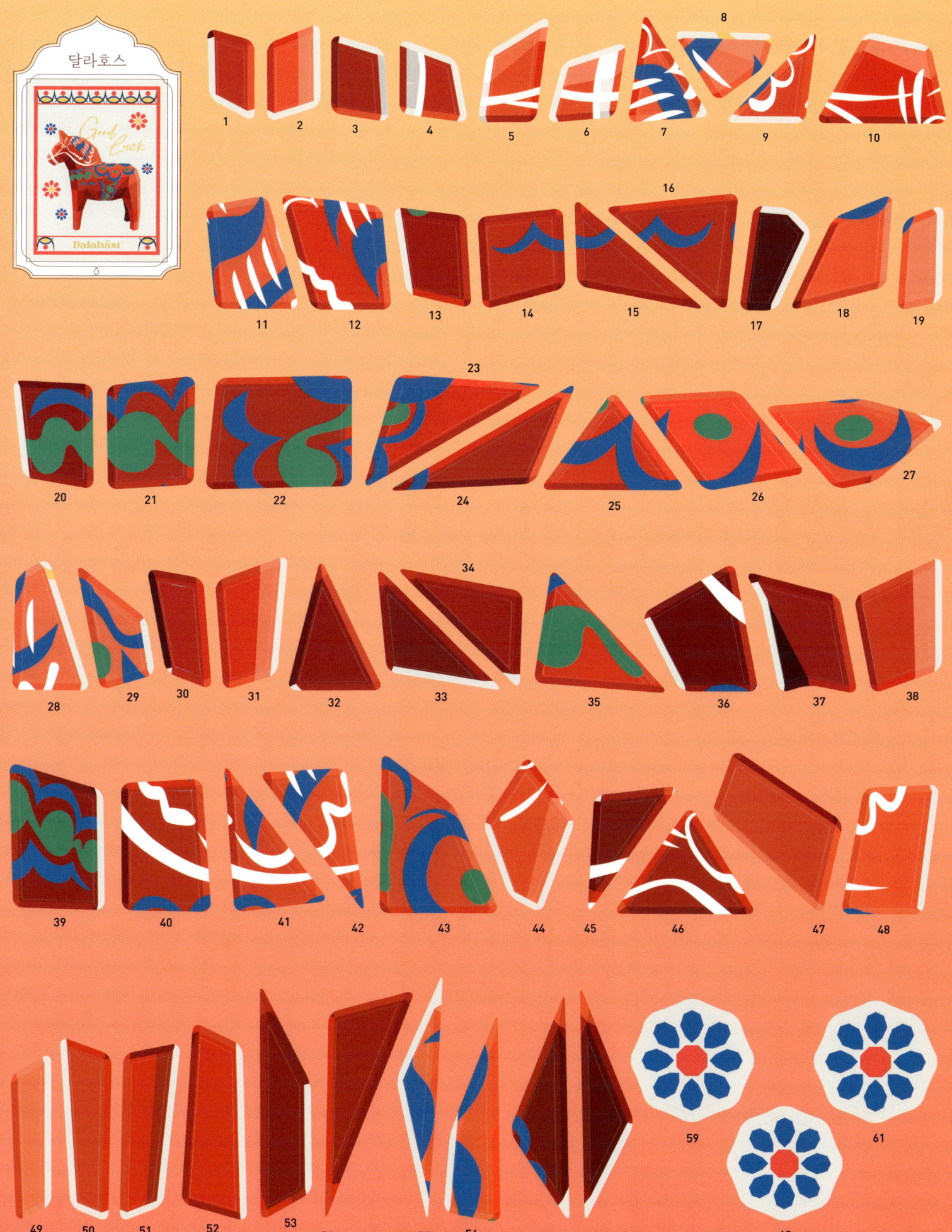

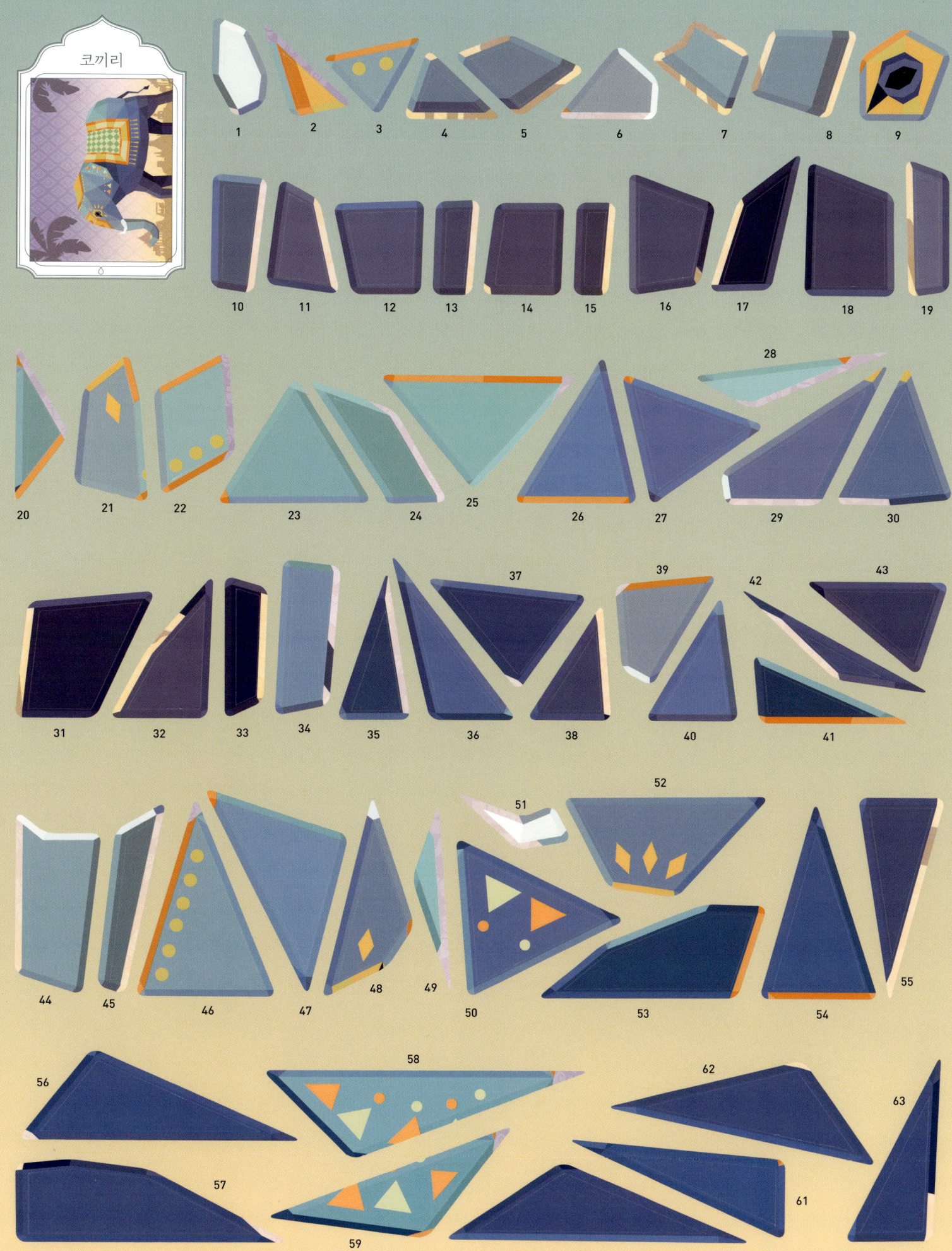